Collection

souris noire

dirigée par
François Guérif

L'auteur

Chroniqueur hip-hop pour les magazines l'*Affiche* et *Planète Jeunes*, le Prof' Lu voyage partout dans le monde. Dans une de ses vies parallèles, il est auteur de polars pour adultes, de nouvelles noires et de scenarii.

Prof' Lu

Et hop !
Hip-hop !

Illustration de couverture
Jacques Ferrandez

souris
Noire

[redacted]

SYROS
jeunesse

Pour Victor, mon neveu,
et Flore, ma nièce,
déjà – bientôt–futurs lecteurs.

Catalogage Électre-Bibliographie
Prof' Lu
Et hop ! Hip-hop ! – Paris : Syros, 2000. – (Souris noire poche ; 51)
ISBN 2-84146-887-9
Dewey : 811.5 : Albums et fiction. Romans. Aventures et voyages
Public concerné : Adolescents (à partir de 13 ans)

1

Les disques vinyles tournent à toute vitesse sur les platines, les mixettes crépitent et le son est à fond dans le minuscule studio confiné de Radio-B, la fréquence favorite des kids de la cité.

Sortis directement des bacs, les nouveautés hip-hop sélectionnées résonnent, détonnent, cartonnent, explosent les oreilles d'auditeurs assidus, ravis et passionnés. Radio-B c'est vraiment la radio branchée !

Jacob Rasta et Mohammed Martin, les deux animateurs-vedettes de la station, s'en donnent à cœur joie, ils se lâchent sans façon, se checkent* les mains, se cognent les poings tout en rivalisant de prouesses rapologiques. Leur technique de manipulation des platines est totalement au point, ils ont des mains de magiciens et leurs doigts glissent sur les disques avec maestria. Passe-passe, freestyle*, solos, raccords insensés et rythmes renversés, tout y passe et sans rien oublier des figures les plus compliquées. Jacob et Mohammed sont de jeunes deejays bourrés de talent et de qualités, déjà très inventifs et, surtout, super motivés. Dans le studio, au milieu des fils et des micros, dans le fouillis des disques empilés ou des bandes enregistrées, l'ambiance est assurée :

– Radio-B !

Sur la liste de l'alphabet

B ! B ! B !!!

Comme

Beauté

Groove

Et volupté !!!

B ! B ! B !

Radio-B

C'est la radio qui l'fait !!!

Jacob et Mohammed se relaient, chacun des deux animateurs possède et maîtrise son style propre qu'il travaille sans discontinuer depuis des années, depuis l'école élémentaire en fait, quand la fée hip-hop pour la première fois est venue les visiter avec sa baguette magique de sons, de samples*, de boucles, de mix... Si Jacob est plus ragga* – c'est lui qui a imposé un poster grandeur nature de Bob Marley scotché de travers sur un des murs du studio, il rêve de Kingston, des îles, des Caraïbes, Jamaïca ! Dominique et Sainte-Lucie ! Il kiffe les readims* et les gimmicks* du coin qu'il connaît tous absolument sur le bout de la langue –, Mohammed de son côté vit en immersion profonde dans le rap, décortique les lyrics* dans les détails mais ne déteste ni les accents de la soul ni la fougue sirupeuse du R'n'b'*. En vogue, Mariah Carey, R. Kelly aussi. Bref les deux compères se complètent à la perfection pour donner à leur public une vision panoramique de toutes les tendances du hip-hop moderne tel qu'il s'exprime et se conçoit aujourd'hui.

Depuis un an pile maintenant « Et hop ! Hip-hop ! » le show de Jacob et Mohammed sur Radio-B a lieu deux fois par semaine, les mardi et vendredi, de dix-huit heures à vingt-deux heures. Quatre heures d'antenne non-stop et au meilleur moment de la soirée quand les jeunes finissent leurs devoirs ou ne sont pas encore couchés, la veille de journées sans école qui plus est ! Sans parler du samedi qui n'est jamais plus travaillé depuis la réduction obligatoire et sympathique de la durée autorisée du temps passé au boulot. « Et hop ! Hip-hop ! » les écoliers, les travailleurs comme les chômeurs sont concernés.

Pour varier leur émission, Jacob et Mohammed alternent les écoutes pures avec les interviews, les informations, les news, les inédits, les vieux trucs ou les remix. Dans la mise en scène de « Et hop ! Hip-hop ! » vers dix-neuf heures, les auditeurs peuvent s'exprimer, ils téléphonent au standard de la station où un micro est ouvert à leur intention, là ils peuvent s'éclater en liberté, improviser, tchatcher, mais aussi tester sur le public des textes longuement mûris dans les caves et les cages d'escalier de la cité.

Mais ce soir Jacob et Mohammed se réservent exclusivement la parole.

Animateurs radio, rappers, ambianceurs, agitateurs-activistes dans le mouvement, quasiment des militants du son, Mohammed et

Jacob ont toujours imaginé étendre la palette de leurs activités dans la musique, aussi se sont-ils constitués en association loi 1901 pour créer le premier « Festival Inter-Cités de la Rapologie Appliquée » qui doit avoir lieu le mois prochain aux Hirondelles dans leur banlieue de la région imaginée de La Courneuve et de Sarcelles.

Le directeur d'antenne, le grand patron des émissions de Radio-B, s'appelle Jean-François Lemoigne, c'est un homme d'affaires dans le plus pur style des années quatre-vingt, il a bien résisté aux bouleversements du temps. Pour s'amuser dans la cité, on l'appelle « Bernard Tapie » en référence à son look costard-cravate et surtout à sa gueule roublarde de lascar du capitalisme et du business. C'est son flair de businessman justement, sa volonté politique également de se fondre en avant dans la tendance branchée (où à terme il y a du pognon et de la notoriété à gagner bien évidemment) qui lui ont recommandé de s'intéresser au hip-hop dans les quartiers.

Lemoigne a donné le feu vert, et carte blanche à ses deux animateurs, « les gars on compte sur vous ! » a-t-il même ajouté en leur tapant dans le dos tout en mâchonnant son cigare puant. Forts de leur liberté totale à l'antenne donc, Jacob et Mohammed ne se gênent absolument pas pour faire leur propre publicité et celle de leur festival.

À pleine voix déchaînée, Jacob fait la promo :

– Je donne rendez-vous à toutes les filles et à tous les gars du quartier au centre Louis-Aragon au cœur de la cité Aquitaine à deux cents mètres du Leclerc pour une méga-soirée hip-hop en compagnie des meilleurs deejays de la planète et d'une foule d'autres invités prestigieux. DJ Boss Top, Daddy Master Z, DJ Mix d'Enfer et Doctor Groove seront de la fête !

Concentré – on n'est pas seulement là pour rigoler non plus – Mohammed mixe du son afin de mieux porter la voix de son ami qui continue sur sa lancée :

– Un événement à ne manquer à aucun prix. Le prix justement ? 20 francs tout rond, 20 francs franchement, pour une party* de cet acabit c'est donné !

Et Jacob d'égrener la liste exhaustive des rappers qui se produiront en exclusivité pour l'occasion.

Enfin Mohammed annonce le clou de la soirée, la présence exclusive du Jolie Chérie Posse et de ses deux petites stars Beauté Sexy et Merveilleuse Meufette.

Le « Jolie Chérie Posse » est le groupe qui monte dans les quartiers et les deux filles un futur mélange made in France de Lauryn Hill pour Merveilleuse Meufette et Whitney Houston pour Beauté Sexy.

Jacob et Mohammed le savent, le Jolie Chérie Posse c'est un succès explosif et assuré pour leur soirée.

Nous sommes le 24 avril et le Festival Inter-Cités de la Rapologie Appliquée doit avoir lieu le 17 mai, un peu moins d'un mois pour tout préparer, les affiches, les flyers*, surtout assurer la promo mais aussi surveiller le budget, gérer la caisse et la sécurité, inviter les journalistes (et sans oublier personne !), penser aux loges VIP... Ce n'est pas le boulot qui manque, et tout en assurant à l'école. Mais quand on est jeune on a de la force et de l'énergie à revendre. C'est exactement ce que se disent Jacob et Mohammed en leur for intérieur. Après tout ils assurent « Et hop ! Hip-hop ! » régulièrement depuis un an, tout se passe bien, pas d'anicroches, un vrai travail de pro. Et en plus Jacob et Mohammed se font de l'argent de poche. Le Festival Inter-Cités est une affaire de taille et de poids, du jamais vu dans l'histoire rapologique des soirées dans la cité, c'est vrai, mais les deux amis en ont conscience et ne doutent pas, ils seront à la hauteur pour un événement dont ils se souviendront toute leur vie !

2

Aéroport Roissy-Charles-de-Gaulle. Terminal des arrivées. Le Jumbo Jet vient de se poser.

Pour finir sa course il semble glisser sur la piste, puis se stabilise dans un bruit d'enfer, inverseurs de poussée, et les moteurs et les freins semblent hurler à la mort, on croirait entendre un monstre gore qui agonise dans *Alien 8*. Enfin le Boeing fait un tour complet sur lui-même, à 360 degrés, pour rejoindre au ralenti sa voie de garage.

Quelques minutes plus tard, les passagers du vol direct Los Angeles-Paris quittent le satellite, passent dans un premier temps les services de police et d'immigration pour se retrouver dans la salle des tapis roulants où ils peuvent récupérer leurs bagages. Tous sont harassés par plus de douze heures de vol non-stop, ils ont le teint livide, l'haleine lourde et le visage en bataille, leurs yeux sont cernés de poches jaunes et violettes, ils sentent l'avion c'est-à-dire pas très bon. Les plus nerveux allument une cigarette en tremblant.

Les valises et les sacs défilent maintenant, les gens se précipitent sur leurs affaires en se bousculant, les chariots se cognent dedans.

À cran à cause de l'épuisement dû au voyage, les passagers du Los Angeles-Paris s'insultent en maugréant. Aucun pardon, pas de politesse.

Deux hommes se détachent du lot anonyme de la masse des passagers du vol Los Angeles-Paris direct. À vue de nez ils ont autour de la trentaine d'années, un peu plus peut-être, à peine, ils sont assez grands mais surtout musclés comme peuvent l'être les Américains, tous ou pratiquement adeptes du body-building ou de la surgonflette. Lunettes noires le matin dès leur arrivée, costume sévère à peine froissé, cravate austère au col de la chemise serrée : un look de porte-flingue accrédité, de ces tueurs à gages qui pullulent encore en Amérique, des gars payés pour tuer, massacrer, rançonner, racketter ou enlever. Quelle que soit leur mission, ils ont toujours l'autorisation de leurs patrons de recourir à la violence et à la force pour la mener à bien.

L'un des deux hommes est un peu plus grand, plus sec, il a un cou très long et une toute petite tête qui lui donne un air hautain, il cache sa coupe de cheveux courte et gominée de frais sous un chapeau imitation borsalino, c'est Doctor Badshoot. Son acolyte est donc un peu plus court sans être franchement trapu non plus, mais surtout il est plus nerveux, se ronge les ongles tout le temps, et son visage rond sans beaucoup d'expression est secoué de tics étranges et inattendus au niveau des lèvres et des yeux, on l'appelle Bong Bastard.

Au contraire des autres passagers, et malgré le nervosisme personnel de Bong Bastard, les deux hommes attendent patiemment la sortie de leur valise. Elles arrivent, deux attachés-cases noirs et rutilants dont ils se saisissent dans un mouvement jumeau et qui sont comme le prolongement exact d'eux-mêmes. On dirait quasiment *Men in black* sauf que ces deux-là sont des salauds, des vrais méchants.

Dernier obstacle avant la sortie : le comptoir des douanes – aujourd'hui aux employés absents, une grève sans doute – qu'ils passent sans problème.

Leur contact à Paris les attend comme prévu avec un panneau sur lequel est seulement écrit : Badshoot/Bastard.

Bong l'a tout de suite remarqué et glisse un coup d'œil enlunetté et tiqueux à son compère qui acquiesce d'une légère inclinaison de sa tête raide.

Qui sont Doctor Badshoot et Bong Bastard ? Que font-ils ici à Roissy ? Quelle est la raison de leur débarquement ?

Doctor Badshoot et Bong Bastard en vérité travaillent pour la mafia du show-biz californien. Ce sont des spécialistes en ce qui concerne tous les coups de main, ils s'y connaissent bien pour mettre la pression au maximum jusqu'à l'explosion.

Depuis la mort de Tupac Shakur assassiné au sortir d'un combat de boxe de Mike Tyson, on sait que le rap de la côte ouest des

États-Unis est gangrené par des gangs armés qui essayent de faire la loi sur le marché. Il faut dire que les enjeux sont grands. Jamais la musique n'avait rapporté autant d'argent ni suscité autant de passion. Chaque artiste est un jackpot en puissance. Aujourd'hui fauché, un producteur qui a du nez peut devenir multimillionnaire demain en un tour de main.

Partout dans les rues, dans les quartiers, les cités et les banlieues du monde entier, particulièrement là où le hip-hop est dans la place, des individus plus ou moins honnêtes cherchent les stars en puissance ou bien les nouvelles idées rapologiques de demain.

L'homme qui accueille les deux tueurs s'est fait volontairement discret, il porte des lunettes noires également, énormes, qui lui mangent la moitié du visage, une moustache épaisse dont il n'a pas non plus cherché à déguiser l'aspect postiche, il se tient artificiellement un peu courbé et enfonce sa tête dans le col de son manteau.

Les trois hommes se serrent la main sans plus de commentaires. Et se dirigent à l'extérieur de l'aéroport vers la longue file des taxis.

Il pleut par intermittence, une bruine piquante et glacée en vérité, et le temps est gris et moche comme il peut l'être à Paris une bonne partie de l'année, déprimant.

Doctor Badshoot et Bong Bastard accompagnés de leur mystérieux contact sont montés dans leur taxi, maintenant direction un hôtel d'une porte de Paris, un de ces hôtels appartenant à une chaîne multinationale, véritable usine de voyageurs, plus de cinq mille chambres, un turn-over* continu, le lieu idéal pour conserver l'anonymat et ne pas se faire remarquer.

Dans le taxi l'ambiance est froide, pas un des trois hommes pour sortir le moindre mot mais trois paires d'yeux recouverts de lunettes noires qui regardent droit devant eux.

Quand soudain le téléphone portable de Doctor Badshoot grésille :

– Allô ?

C'est le boss de Badshoot et Bastard, Jim Hell, qui s'enquiert de leur bonne arrivée, leur rappelle leur mission en des termes crus, insiste sur l'efficacité totale et la rapidité d'exécution qu'il attend d'eux.

– Oui patron... se contente de répondre Badshoot, les deux voix d'or... OK c'est pigé, c'est comme si c'était fait patron.

Et Doctor Badshoot éteint son minuscule portable dernier cri et ultraplat qu'il range dans la poche intérieure de sa veste comme s'il s'agissait de son simple portefeuille. Il se tourne vers son compère et leur contact assis tous les deux à sa droite, et se fend à leur endroit d'un sourire carnassier à faire peur. Bong Bastard lui répond d'un succession de tics atroces tout en se mordant un doigt jusqu'au sang.

3

Beauté Sexy et Merveilleuse Meufette, les deux starlettes du Jolie Chérie Posse, s'admirent dans la glace sous tous les angles, de face, de dos et de profil.

Tour à tour elles changent de fringues, vident leur placard et se déguisent, passent des sapes purement hip-hop, jeans baggy-Kangol, aux petites robes moulées, super décolletées et brillantes de strass multicolore. Beauté Sexy et Merveilleuse Meufette alternent les escarpins avec les baskets ou les semelles compensées. Tout leur va très bien.

C'est vrai qu'elles sont canon les deux starlettes ! Beauté Sexy est une sublime petite brunette, métisse, avec des grands yeux bleus et Merveilleuse Meufette est blondinette et mixte, sa couleur de peau est caramel comme le soleil sous les tropiques ou bien le miel des meilleures abeilles. Beauté Sexy et Merveilleuse Meufette ont toutes les deux des petits seins pointus, la taille fine et des fesses rebondies avec justesse. Idéal quand on a dix-sept ans à peine pour Beauté Sexy, un an de moins pour Merveilleuse Meufette. Les deux filles sont fraîches, elles ont la pêche et la vie devant elles.

– C'est cool de la part de Jacob et Mohammed d'avoir pensé à nous pour le Festival Inter-Cités, on va s'éclater ! T'as vu la liste des invités ? Le gratin des deejays ! se réjouit Beauté Sexy.

Et Merveilleuse Meufette qui renchérit :

– Tu parles d'un challenge ! On n'a pas intérêt à se planter et faut qu'on fasse le planning des répèt' le plus vite possible...

– T'as raison ma chérie, s'empresse d'enchaîner Beauté Sexy, également concentrée sur le sujet et rigoureuse dans le travail, à peine trois semaines pour tout caler, on a du boulot sur les chorégraphies, panique-t-elle un peu, trois semaines ça passe si vite...

Leur diplôme en poche – un BEP CAS (Comptabilité/Administration/Secrétariat) pour l'une, un BEP BET (Banque et Technique) pour l'autre –, les deux filles ont décidé de mettre leurs études en stand-by pour quelque temps, quitte à les reprendre plus tard, pour se consacrer entièrement à la musique, à leur carrière naissante et à leur groupe le Jolie Chérie Posse, dont les premiers pas sont tellement prometteurs que même leurs parents n'ont pu s'opposer sérieusement à leur projet. Bien au contraire, après avoir été un peu réticents au début ils poussent maintenant les deux jeunes filles dans la direction de leur choix personnel car avant tout ils ont confiance en elles. Maintes et maintes fois les deux jeunes filles remercient le ciel de leur avoir accordé de bons parents, sages et compréhensifs.

Beauté Sexy et Merveilleuse Meufette se maquillent maintenant, un trait d'eye-liner par ici, un peu de cache-boutons par là, du rouge à lèvres glamour et fluorescent. Nous sommes vendredi soir (« Thank's God it's Friday ! » chantait Donna Summer la reine du disco pour inciter son public à faire la teuf et à danser) et les filles ont décidé de sortir, sans doute au cours de la soirée rencontreront-elles Jacob Rasta et Mohammed Martin. À la fin de leur émission les deux gars aiment traîner dans le mouv' et rencontrer leurs auditeurs, leurs fans, faire le tour des teufs et des parties. Et le centre Louis-Aragon reste un quartier général où on est à peu près sûr de les trouver à un moment ou un autre de la nuit.

Pour préparer leur festival, Mohammed Martin et Jacob Rasta ont également besoin de croiser tous les posse* et les groupes du quartier, participants impliqués dans l'événement à venir, le déjà fameux et célèbre Festival Inter-Cités de la Rapologie Appliquée.

Merveilleuse Meufette et Beauté Sexy se réjouissent d'avance de leur soirée, elles ont envie de danser, de bouger, de s'éclater, de rencontrer leurs potes et leurs copines, peut-être même improviseront-elles un freestyle sur le pouce vers les trois heures du mat' quand c'est bien chaud, et puis vraiment elles sont les plus jolies ça ne fait pas un pli. Plusieurs salles des fêtes ont été réservées ce soir pour accueillir ceux qui aiment le hip-hop dans les quartiers et le programme promet de grands moments. Merveilleuse Meufette et Beauté Sexy ont dressé la liste exacte des parties auxquelles elles sont invitées.

Mais les deux starlettes ne se doutent pas une seconde de l'enfer auxquelles sans le savoir elles sont promises.

Merveilleuse Meufette et Beauté Sexy sont de super bonne humeur et très en forme ce soir. D'ailleurs elles décident, et d'un commun accord, de partir s'entraîner au gymnase avant le début de la soirée. C'est ce qu'elles feront car elles sont toutes les deux dévouées aux arts martiaux chinois, au kung-fu Shaolin plus précisément, dont elles sont des adeptes expertes. Quasiment quotidiennement, Merveilleuse Meufette et Beauté Sexy passent par le dojo où elles abandonnent deux heures de leur temps de vie à la discipline drastique du combat contrôlé, des katas de l'homme ivre ou du dragon, de la violence maîtrisée, un peu de muscu et beaucoup d'assouplissement, de la baston aussi car les deux starlettes adorent également s'amuser. Leur passion du kung-fu est aussi un art de vivre bien, d'être épanouies, sécurisées dans la vie ou la rue, une danse, une façon physique et fluide de se déplacer dans l'espace et le monde, un équilibre auquel Beauté Sexy et Merveilleuse Meufette tiennent avant tout, comme une prière, un sport enfin qu'elle pratique avec rigueur et sagesse même si le ciné Hong-Kong les éclate pardessus tout et que les deux jeunes filles se verraient bien actrices dans les films de Jackie Chan, ou bien à la droite de Jet Li.

Mohammed Martin et Jacob Rasta habitent depuis toujours cité Moscou où ils sont nés il y a trente-deux ans à eux deux comme ils se plaisent à plaisanter. Ils vivent avec leurs parents et continuent assidûment de suivre leurs cours au lycée des Hirondelles, ayant conjointement décidé d'obtenir coûte que coûte leur baccalauréat afin de prouver au monde, c'est du moins ce qu'ils déclarent, que la passion du hip-hop et du son n'est pas du tout incompatible avec une réussite scolaire de haut niveau.

Jacob et Mohammed sont voisins depuis la naissance également, l'appartement de la famille Martin se trouve au quinzième étage, celui de la famille Rasta au dix-huitième.

Les deux familles se connaissent bien et entretiennent entre elles les meilleurs rapports de formidable voisinage du monde. Souvent elles s'invitent pour des dîners ou des week-ends, des pique-niques en forêt l'été. Le papa de Mohammed, Raymond Martin, ancien coureur cycliste professionnel des années soixante-dix (bon grimpeur) reconverti dans le garage pour cycles, est un cuisinier émérite et il adore faire profiter les Rasta des recettes bourguignonnes dont il est un spécialiste renommé dans le quartier. Raymond Martin anime l'Association des Bourguignons de la cité Moscou, dans les activités de l'association figurent des cours de cuisine appliquée qui connaissent un franc succès dans tout le voisinage. Raymond préside tous les ans le Grand Concours de Cuisine Bourguignonne qui donne lieu à une remise de prix des vins les plus goûteux de la région. Fatima Martin, sa femme, est chef de rayon au Leclerc du coin et milite au Syndicat des Prolétaires Ouvriers, c'est une femme mince mais dynamique qui ne se laisse pas marcher sur les pieds. Mohammed a deux petits frères, des jumeaux âgés de huit ans, Karim et Abdoulaye.

La famille Rasta est tout aussi homogène. Haïlé Rasta le père est contremaître dans une usine de boîtes de conserve consacrée exclusivement aux petits pois fins et extra-fins, une restructuration vers les haricots verts ayant échoué il y a de cela quelques années. Sarah Rasta la mère fait du commerce de tissus, si elle a commencé sa carrière à la pièce sur les marchés, elle s'occupe aujourd'hui d'import-export, les affaires ne sont pas faciles certes mais on fait avec. Jacob, également, est l'aîné de trois enfants, une petite sœur Rachel, onze ans, et un encore plus petit frère Moïse, six ans, suivent.

Les deux garçons sont en réunion dans la chambre de Mohammed. Au son ils ont mis un vieil album de Raekwon, « Only built for cuban links », le meilleur rapper de tout le Wu-Tang pour Mohammed qui ne peut s'empêcher d'essayer de petits scratchs discrets mais virtuoses sur un des morceaux du disque. Dans une heure maintenant ils doivent foncer à Radio-B pour leur émission et les deux garçons finissent leurs préparatifs en arrangeant la conduite, puis trient les disques qu'ils emmèneront avec eux pour « Et hop ! Hip-hop ! »

Ensuite, dans la continuité de leur soirée commencée à Radio-B, Mohammed et Jacob ont prévu de rejoindre leurs soss'* de la cité Moscou et du quartier au centre culturel Louis-Aragon où doit avoir lieu le Festival Inter-Cités de la Rapologie Appliquée. Un premier repérage sérieux s'impose. Surtout, faire un point technique au niveau du light-show, quels projecteurs sont disponibles ? combien d'ampoules en stock ? Lister le matériel son également, histoire d'avoir une idée précise de ce qu'ils auront à louer.

Mais rien ne va se dérouler comme prévu initialement, et de bon moment évident ce vendredi va se transformer en un cauchemar inattendu carrément digne de Freddy qui va précipiter Mohammed Martin et Jacob Rasta dans une aventure qu'ils n'auraient jamais osé imaginer.

4

Pour leur mission spéciale Doctor Badshoot et Bong Bastard ont loué une BM gris métallisé ultrapuissante à turbo-injection et vitres teintées.

C'est Badshoot qui conduit d'une main experte et habituée. La voiture lui obéit au doigt et à l'œil sous la souplesse de la direction assistée. Dans un silence huilé et neuf, elle glisse au cœur de la banlieue.

Selon son habitude nerveuse et incontinente, Bastard se ronge les ongles, commence par le pouce qu'il déchiquette longuement de ses peaux mortes et même encore vivantes pour terminer consciencieusement par se lécher le petit doigt dont il semble se délecter amoureusement.

Badshoot et Bastard portent toujours leurs lunettes noires. Pourtant, maintenant, la nuit vient.

À bord de leur BM ils ont quitté leur hôtel de la porte de Bagnolet, au-delà du boulevard extérieur et juste avant le périphérique, et se dirigent droit vers la banlieue nord.

Sur l'axe Paris-banlieue, absolument aucun embouteillage à l'horizon, dans l'autre sens par contre c'est toute la banlieue qui débarque dans la capitale pour faire la fête et inaugurer le week-end. Un peu plus tard on retrouvera tous ces banlieusards aux Halles ou à la Bastille, zonant de cafés en grecs, rue du Faubourg-Saint-Antoine et rue de la Roquette.

Badshoot appuie franchement sur l'accélérateur, mais dans la BM à 140 on se croirait à 60 tant la tenue de route est fiable et sécurisée. À l'intérieur le confort est maximum, tout cuir, pas un seul gramme de plastique. « Remember Diana » ne peut tout de même s'empêcher de penser Bastard alors que le compteur monte nettement au-dessus du 180. Mais Doctor Badshoot se calme immédiatement, il voulait tester la BM seulement, en cas de pépin plus tard ou de fuite précipitée, pas question non plus de se faire choper par les képis pour un excès de vitesse à la con, ce ne serait pas très professionnel. Doctor Badshoot et Bong Bastard ne sont pas des amateurs.

À la frontière du département de la Seine-Saint-Denis, Badshoot stoppe la BM et se gare, coupe le moteur. Alors il sort son téléphone portable de la poche intérieure de son veston. Bastard consulte sa montre :

– Vingt et une heures pétantes, Badshoot, lui annonce-t-il.

– Parfait, se contente de répondre celui-ci.

Doctor Badshoot compose un numéro, on décroche.

– Vingt et une heures précises, quelles sont les instructions ? demande-t-il à son interlocuteur.

Badshoot écoute quelques instants la réponse de son correspondant, il penche son long cou en avant jusqu'à presque toucher le pare-brise de son front, se raidit la nuque, remue un peu sa petite tête, le tout sans dire un mot encore une fois. Bastard a ôté enfin ses lunettes et garde sur Badshoot un regard concerné et inquiet. Il tremble légèrement et se fend d'une batterie de tics sévères qui lui déforment les joues et la bouche au point de lui donner par intermittence l'aspect d'un véritable Frankenstein.

Puis Badshoot range son téléphone et s'adresse à Bastard :

– Notre informateur est sur place, il m'a donné l'itinéraire précis pour rejoindre les Hirondelles, on y va, action dans deux heures pile !

– OK Doc', se contente de répondre Bong.

Jacob et Mohammed sortent des locaux de Radio-B, « Et hop ! Hip-hop ! » vient de s'achever et les deux complices du rap arborent la mine ravie de ceux qui se sont montrés particulièrement à la hauteur. Ils se félicitent et se congratulent mutuellement, et toujours se checkent les mains, se cognent les poings, ponctuent chacune de leurs phrases de « Yo ! » et de « Yes ! » retentissants.

C'était une super bonne émission ce soir avec un max de tchatche, d'énergie, de pêche et de nouveautés, et puis toujours cette histoire du Festival Inter-Cités qui suscite énormément d'impatience, d'engouement, de surexcitation chez leurs auditeurs, surtout les plus jeunes. Ce festival, Jacob et Mohammed en sont convaincus, c'est vraiment la bonne idée. Alors leur soirée s'annonce au top.

Avant de passer au centre culturel Louis-Aragon, Jacob et Mohammed décident de se remplir l'estomac, histoire de ne pas mourir de faim vers les trois heures du matin quand tout sera fermé depuis longtemps.

Ils s'arrêtent quelques instants chez le Turc et se jettent un bon grec, graisseux à souhait, débordant d'oignons et de mayonnaise. Une fois rassasiée, leur humeur déjà positive n'en devient que plus joviale.

La BM de Badshoot et Bastard pénètre maintenant dans le quartier des Hirondelles et longe les cités de son pas feutré. Elle passe devant Ali le Turc chez lequel Jacob et

Mohammed sont en train de se sustenter. Badshoot a nettement ralenti l'allure.

Personne dans la rue à cette heure-là, quelques jeunes à casquette seulement, avec leurs chiens méchants vaguement tenus en laisse, sans muselière en tout cas, qui passent en se pressant, les mains enfoncées dans les poches des blousons. Pas une seule voiture de police non plus, ça fait d'ailleurs un bon bout de temps que la police ne s'aventure plus dans ces quartiers. Trop chaud, les uniformes n'y sont plus acceptés par les habitants, trop de bavures et la BAC* a vraiment très mauvaise réputation. Badshoot et Bastard sont donc on ne peut plus tranquilles pour opérer.

Au carrefour des Trois-Arbres-Cachés, leur contact les attend. Une nouvelle fois Badshoot stoppe la BM.

Le mystérieux contact qui guide les deux porte-flingues dans leur mission a changé de déguisement maintenant, fini la moustache, le feutre, le pardessus et l'air voûté, l'homme auquel ont affaire Badshoot et Bastard ressemble plutôt à un cadre dynamique, très français d'allure, la quarantaine alerte, un look et une physionomie plutôt inattendus dans ce coin de banlieue nord. On a du mal à reconnaître le personnage car si l'individu n'a plus de moustache, il porte une perruque et une écharpe qui lui couvre tout le bas du visage, avec la nuit profonde qui tombe sur la banlieue mal éclairée c'est quasiment impossible de distinguer ses traits. Mais Badshoot et Bastard s'en foutent, ils ne sont pas là pour se faire un nouvel ami, lier connaissance ou faire la conversation. Pas du tout.

L'homme se penche à la fenêtre de la BM :

– Centre culturel Louis-Aragon, deuxième à droite, première à gauche, vous arrivez sur une petite place, c'est le seul endroit éclairé, vous me verrez en compagnie de vos... cibles, vous ne pouvez pas vous tromper, OK ?

– OK, répète Bastard.

Et Badshoot embraye.

Beauté Sexy et Merveilleuse Meufette sont en train de discuter en rigolant avec Jean-François Lemoigne, le patron de Radio-B, plus ou moins attendant Jacob et Mohammed qui ne devraient pas tarder quand la BM de Badshoot et Bastard déboule sur l'esplanade et fonce droit sur le centre culturel Louis-Aragon.

Badshoot se précipite hors de la BM avec Bastard à sa suite, ils sortent des matraques télescopiques de leur ceinture et cognent Lemoigne à toute volée qui s'écroule directement et sans résistance sur le bitume, les filles hurlent mais il n'y a personne encore devant le centre culturel Louis-Aragon pour venir à leur secours. Badshoot et Bastard assomment aussitôt les deux jeunes filles et les enfournent dans le coffre de la BM.

Soigneusement minutée et répétée, l'opération n'a pas duré plus de deux minutes, chronomètre en main.

Jacob et Mohammed arrivent juste en courant, de loin ils ont assisté à la scène et ne peuvent que constater le rapt des deux starlettes.

5

C'est de la dinguerie totale. Tout s'est passé très vite, à peine quelques minutes d'action au maximum.

Lemoigne tente de reprendre ses esprits doucement.

Jacob et Mohammed relèvent leur patron. Pas trop de dégâts en vérité, rien de cassé, quelques bosses et bleus tout au plus, et pour lui plus de peur que de mal, heureusement.

Alors que le quartier était totalement endormi, l'agression a vite fait de réveiller les gens. Et devant le centre culturel Louis-Aragon c'est une foule compacte de femmes, d'hommes, d'enfants en pyjamas et robes de chambre, bonnets de nuit et pantoufles, qui entoure bientôt Lemoigne, Jacob et Mohammed.

Appeler les flics ? Non vraiment à quoi bon ? Appeler les flics c'est toujours la mauvaise idée, ils débarquent comme des cow-boys, bouclent le quartier, interpellent et contrôlent les habitants et puis s'en vont.

Chacun y va de ses commentaires et de son témoignage maintenant, certains de ceux qui regardaient encore la télé ont aperçu l'enlèvement par la fenêtre, et ce que tous les gens ont vu semble concordant, deux hommes costard-cravate et lunettes noires qui se sont précipités sur l'esplanade du centre culturel à fond la caisse au volant d'une grosse BM.

Lemoigne même est quasi incapable d'en dire plus. Il n'a rien vu vraiment lui, pris des coups seulement.

Mais pourquoi Beauté Sexy et Merveilleuse Meufette ? Pourquoi elles ? Qu'est-ce qui justifierait un tel enlèvement, en pleine nuit, au cœur du quartier ? C'est la première question logique qui vient à l'esprit de Lemoigne, Jacob et Mohammed.

On se croirait dans une mauvaise série B, de ces films que les gosses de huit ans se passent en boucle sur leur magnétoscope et dont ils connaissent les moindres dialogues et scènes par cœur.

Parfois, c'est vrai, on peut assister à des descentes de bandes rivales directement venues des communes et des cités voisines,

Saint-Severin ou la Brique Rouge. Mais on connaît les lascars, ils roulent plutôt en Golf, personne ici n'a les moyens de se payer une BM à turbo-injection. Ou alors les dealers. Que tout le monde connaît. Ça ressemble à du travail de pro et c'est ce qui dépasse complètement l'entendement de Jacob et Mohammed.

Finalement tout le monde se sépare. Il est très tard.

Bouleversés, abasourdis, Jacob et Mohammed retournent chez eux cité Moscou. Ils stoppent au quinzième étage chez la famille Martin où ils s'enferment dans la chambre de Mohammed.

Sans plus penser à leurs projets, malheureusement et bien sûr, et surtout à leur Festival Inter-Cités dont le Jolie Chérie Posse doit être le clou groovy.

Ni Mohammed ni Jacob ne sont d'humeur à mettre du son, ils restent silencieux un long moment. Ils ne savent ni quoi penser ni quoi dire. C'est alors que Jacob a une idée.

– Plutôt que les flics ce sont les journalistes que nous devrions prévenir.

– Les journalistes ! Mohammed est interloqué. Quels journalistes ? Et pour quoi faire ?

– Tu connais Jean-Marcel Sarr du magazine *Rap Total* ? lui répond Jacob.

– Pas perso vraiment, mais je l'ai déjà croisé dans des teufs, il est très cool comme mec et respecté dans le mouvement, souligne Mohammed.

– Et surtout spécialiste de tout ce qui touche à l'underground, rien ne lui échappe dans le domaine, je le vois souvent ici traîner dans les cités, dans les répétitions ou les salles de concert, il booste* les petits groupes...

– Et alors ? demande Mohammed qui ne voit pas.

– Alors si quelqu'un peut nous donner des informations, du moins nous éclaircir sur ce qui vient d'arriver c'est bien lui, assure Jacob. Quelque chose me dit que cette histoire est préparée depuis longtemps.

– Et tu sais comment joindre Jean-Marcel ? renchérit Mohammed.

– J'avais son numéro de portable mais je ne sais pas ce que j'en ai foutu, mais tu sais avec Jean-Marcel il n'y a pas de problème, on n'a qu'à se pointer demain au journal, on arrivera bien à le choper pour lui raconter notre histoire de ouf*.

– On va faire ça, conclut Mohammed.

Les deux amis continuent de parler une bonne partie de la nuit, tirant des plans sur la comète, partageant leurs angoisses au sujet du sort des deux jeunes filles enlevées en pleine nuit pour des raisons obscures, et c'est le cas de le dire. Puis, anéantis de fatigue et d'émotion, ils s'endorment côte à côte sur la moquette de Mohammed.

Le lendemain vers midi Jacob et Mohammed débarquent directement à la rédaction de *Rap Total* dans le quartier des Halles en plein centre du Paris grouillant.

Jean-Marcel Sarr reçoit immédiatement les deux animateurs-vedettes de « Et hop ! Hip-hop ! » sur Radio-B et les accueille à bras ouverts.

Jean-Marcel Sarr a vingt-trois ans. D'origine sénégalaise et venu en France à l'âge de huit ans, il a trouvé dans le hip-hop puis dans le journalisme une façon bien à lui de s'exprimer, il fait de l'investigation, du terrain, il découvre de jeunes artistes aussi auxquels il prodigue ses conseils et les connecte avec des producteurs ou diffuseurs, producteur indépendant lui-même pour des mixtapes* qui sont des coups de cœur. Grandi finalement à Saint-Marcellin-en-Gaussois, la banlieue, ses magouilles et embrouilles n'ont plus aucun secret pour lui. Jean-Marcel Sarr : rien ne lui échappe.

– Alors les gars ! les interpelle jovialement Jean-Marcel Sarr, quoi de neuf sur Radio-B ?

Mais l'enthousiasme de Jean-Marcel Sarr est tout de suite douché par la mine déconfite et le teint gris de Jacob et Mohammed, apparemment ils n'ont pas dormi de la nuit et se trouvent confrontés à de gros problèmes. Jean-Marcel les fait asseoir et s'expliquer.

Jacob et Mohammed font à Jean-Marcel un récit détaillé des événements de la nuit dernière. Et bien sûr lui racontent leur projet de Festival Inter-Cités, les enjeux pour tout le monde, etc., mais ce n'est plus de la promo pour le coup. Le journaliste les écoute en silence, d'abord surpris, ensuite circonspect, puis sérieux, convaincu enfin.

Mohammed et Jacob ont fini leur récit. Le silence qui suit, alors que Jean-Marcel Sarr semble réfléchir puis baisse la tête, est lourd et angoissant. Enfin le journaliste relève le menton doucement.

– Les gars, dit-il, je vais vous étonner mais tout ce que vous m'avez raconté, Beauté Sexy, Merveilleuse Meufette, de vraies starlettes en puissance, le rapt, je m'en doutais, j'avais des infos sur cette histoire mais ça me semblait tellement incroyable... Jacob, Mohammed, il va y avoir de l'action, c'est le hip-hop qui nous appelle et il ne nous reste plus qu'une seule chose à faire...

Mohammed Martin et Jacob Rasta restent tétanisés sur leur chaise. Mais dans quelle aventure folle sont-ils en train de basculer ?

6

Pendant ce temps-là Badshoot et Bastard terminent d'accomplir leur sale mission.

Après avoir enlevé les deux jeunes filles et les avoir enfermées dans un premier temps dans le coffre de la BM, ils les ont ramenées discrètement à leur hôtel et les ont droguées suffisamment pour qu'elles planent dans un demi-sommeil inconscient. Beauté Sexy et Merveilleuse Meufette sont à leur merci.

Un dernier coup de fil auprès de leur contact dans la cité qui doit les rejoindre en Californie pour un business final avec leur patron puis, en suivant logiquement, un rapide appel à Jim Hell pour une bonne synthèse de la situation.

– C'est bon, on rentre à la maison, annonce Badshoot sans triomphalisme particulier mais avec la simple voix assurée de celui qui a bien fait son boulot. Comme d'habitude. Ni embrouilles, ni coup fourré ou foireux, pas de complications.

Retour à Roissy, terminal départ ce coup-ci, back to Los Angeles.

Badshoot et Bastard, qui se ronge dinguement les ongles, encadrent Beauté Sexy et

Merveilleuse Meufette et les tiennent par le bras. Les deux jeunes femmes semblent somnoler et avancent dans l'aéroport comme des zombies. Mais Badshoot et Bastard en bons professionnels qu'ils sont leur ont fait chausser des lunettes noires pour dissimuler le regard absent et vraisemblablement dopé aux soporifiques des deux starlettes.

Ils passent la police puis la douane sans aucun problème. Bien sûr les commanditaires de l'opération avaient pris soin de préparer deux vrais-faux passeports aux deux chanteuses du Jolie Chérie Posse. Et bientôt tous les quatre s'installent confortablement dans leur siège du Boeing 747. Les annonces d'usage, les démonstrations de sécurité. Mais déjà les moteurs ronronnent et l'avion s'élance sur la piste.

Une douzaine d'heures plus tard à l'aéroport méga de la capitale californienne L.A. X. Une limousine grand format aux vitres teintées attend Badshoot, Bastard et leurs otages.

Le chauffeur en livrée noire, austère, leur ouvre la porte cérémonieusement mais sans un mot. Badshoot grogne en guise de remerciement et raidit son cou on ne sait pas pourquoi, dans un signe ou un salut réflexe sans doute. Bastard lui n'a pas cessé de se ronger les ongles de tout le voyage et saigne maintenant abondamment des doigts. Ses tics cognent la peau boursouflée de ses joues.

– Alors voilà nos deux voix d'or ! se réjouit Jim Hell, Beauté Sexy et Merveilleuse Meufette, prononce-t-il dans un atroce accent américano-californien.

Les deux jeunes femmes sont sorties de la torpeur de la drogue que Badshoot et Bastard leur avaient administrée. Mais elles sont tout de même épuisées par les événements. Sans parler de l'avion, du voyage, du décalage horaire. En vérité Beauté Sexy et Merveilleuse Meufette sont incapables de se défendre et subissent sans rien répondre les moqueries, les mauvais jeux de mots, les blagues volontairement idiotes, pseudo-légères, la domination et la victoire de leur geôlier.

– Notre informateur dans la cité des Hirondelles nous avait parlé de vos sublimes qualités vocales et fourni tout ce qu'il fallait comme K7 pour que je puisse juger sur pièces. C'est parfait, vous me convenez toutes les deux à la perfection et tombez pile dans mes intentions. Bien sûr nous aurions pu vous acheter, et Jim Hell part dans un petit rire sonore, il met sa main devant sa bouche dans une fausse discrétion cachée, mais je n'aime pas dépenser l'argent autrement que pour m'amuser, aussi j'ai décidé de vous avoir gratuit, oui gratuit, c'est ça le vrai business Jim Hell, dit-il en parlant de lui-même.

Les deux jeunes femmes commencent à comprendre de quoi il retourne.

Doctor Badshoot et Bong Bastard se tiennent dans un coin du bureau de Jim Hell, ils n'ont pas quitté leur costard ni leurs lunettes noires, en fait ils dorment avec. Bien sûr, secoué de tics horribles, Bastard se ronge les ongles. Mais les deux arborent un sourire qui ressemble certes de très près à une grimace ignoble mais qui traduit néanmoins une certaine satisfaction.

Jim Hell c'est le diable en personne. Sapé hip-hop. Une tête de diablotin, rieur mais pervers, tressautant sur lui-même de ses petites jambes arquées sous le jean baggy et secouant ses chaînes en or et ses bijoux. En même temps il paraît inoffensif en même temps il est terriblement dangereux et prêt à tout.

Merveilleuse Meufette surtout, Beauté Sexy est encore bien abrutie, se rend compte maintenant au cœur de quel piège elles se trouvent prisonnières. Et à l'autre bout du monde qui plus est ! Qui donc pourra bien penser à les chercher à Los Angeles ?

– Nous allons vous opérer les chéries, je préfère vous le dire tout de suite plutôt que de vous laisser vous angoisser sur votre sort plus longtemps, pourquoi vous faire souffrir inutilement quand je connais déjà le destin que je vous réserve ? Point de cachotteries entre nous n'est-ce pas, ce ne serait pas sympathique ni courtois d'ailleurs. Et Jim Hell d'en rajouter, dépassant allègrement le stade de la crapulerie. Oh ! ce n'est qu'une toute petite opération de rien du tout, finit-il par souligner en passant.

Et là c'en est trop pour Beauté Sexy qui, complètement réveillée maintenant, fond en larmes immédiatement. Ce qui fait rigoler automatiquement Jim Hell. Merveilleuse Meufette serre les dents, ah oui ! si elle était en forme elle bastonnerait bien et leur rentrerait dedans, tous ces salauds ! Bastard et Badshoot tremblotent sur eux-mêmes, on en déduit qu'ils se marrent également. Quelle ambiance !

– Oh ! c'est sans douleur ma petite, ricane Jim Hell.

Et c'est vrai, c'est totalement sans douleur puisque toute l'opération se déroule assistée par ordinateur. Les voix sont samplées à partir des cordes vocales, elles-mêmes scannées directement sur le zip dit « G 8 » du disque dur central. Le « G 8 » est une nouvelle technologie ultramoderne, c'est quasiment un prototype que possède Jim Hell, qui permet de stocker les vibrations des sons émis par l'homme et de récupérer la tessiture de son chant. Une technique inventée et élaborée à des fins purement médicales, pour soigner toutes les affections de la gorge et des cordes vocales sans avoir du tout recours à la chirurgie et au bistouri, dans la prévention des cancers également. Une invention progressiste malheureusement détournée à des fins de guerre industrielle dans le domaine du son, de la production, du show-biz, et comme plus personne ici, à Los Angeles, ne recule devant rien...

– Emmenez-les ! décide finalement Jim Hell.

Doctor Badshoot et Bong Bastard embarquent les deux jeunes femmes sans ménagement pour les enfermer à triple tour après les avoir bien ficelées dans une autre pièce des locaux de la Jim Hell Inc.

Jim Hell est maintenant seul dans son bureau, comme un vrai diable il fulmine des narines, gambade à son bureau et décroche le téléphone.

– Vous pouvez le faire monter, ordonne-t-il à l'appareil, vraisemblablement à la standardiste.

Quelques minutes plus tard, un homme entre dans le bureau de Jim Hell qui l'accueille d'un sourire ravi.

– Cher ami, asseyez-vous je vous en prie, un cigare peut-être, propose Jim Hell à son hôte. Trop poliment pour être tout à fait honnête.

L'homme s'est assis, il dissimule sa véritable identité sous un costume car sa tenue ne lui va pas vraiment. Il est habillé d'une espèce de veste à carreaux orange et rouges, une espèce de veste de clown qui lui tombe jusqu'aux genoux, et porte un chapeau de feutre gris lui couvrant une bonne partie du visage, il se tient la tête suffisamment baissée pour qu'on ne puisse pas repérer qui il est vraiment. Mais pourquoi tant de soin pour se cacher ?

C'est l'homme de la cité, celui qui a tuyauté Jim Hell et sa bande sur les voix de Merveilleuse Meufette et de Beauté Sexy dont ils ont décidé de s'emparer pour les transformer en produits rentables en dollars cash. Et sans rien débourser. Une fois l'opération informatique terminée, il n'y aura plus qu'à se débarrasser des deux jeunes femmes, laisser leurs corps dans une décharge publique du quartier de South Central, un des pires de tout le grand Los Angeles. Personne ne pourra jamais dire, ni surtout deviner, ce qui leur est arrivé.

C'est aussi le même homme qui a reçu Doctor Badshoot et Bong Bastard à Roissy et les a guidés jusqu'à un autre lui-même, le quadragénaire dans la Cité.

– Eh bien, reprend Jim Hell toujours sur le même ton à la fois satanique et jovial, cher ami merci pour tout, votre collaboration nous a été d'un secours précieux je ne vous le cache pas, alors concernant notre affaire pour une fois je fais une concession je sors de l'argent, je tiens à le souligner.

Mais l'homme assis ne fait aucune remarque, Jim Hell se gratte la gorge quelques instants, alors nous n'avons plus qu'à signer, conclut-il.

Mais de quel business honteux et criminel s'agit-il ?

7

Bien sûr Jean-Marcel Sarr a entendu parler de Jim Hell mais il faut le comprendre, comment croire une histoire pareille ? Et Jacob et Mohammed en conviennent facilement.

Depuis plusieurs mois le journaliste sait que la mafia californienne s'intéresse de très près aux artistes des Hirondelles. Oh ! rien de plus que de rumeurs de quartier, des conversations interceptées, des coups de fil étranges, des présences inconnues dans les concerts de rue et dans les salles de cette partie très prolifique en hip-hop de la banlieue nord de Paris.

Et puis Jean-Marcel Sarr a plusieurs fois eu l'occasion d'aller à Los Angeles ces derniers mois réaliser des interviews pour son magazine, il en avait profité pour commencer à enquêter sur ce phénomène bien particulier, l'intérêt soudain et tout à fait inattendu des producteurs angelinos pour des rappers de banlieue parisienne. Renouveler les voix et les sons c'est renouveler l'intérêt du public pour ce style de musique, donc augmenter les ventes et les bénéfices. Comme la moitié de ces businessmen sont pourris et véreux, entourés d'équipes de tueurs et d'hommes de main, qu'ils ont suffisamment de dollars pour investir dans ce type d'opération, tout devient possible. Jean-Marcel Sarr au cours de son enquête avait pu recueillir des informations tout à fait étonnantes, une enquête qu'il imaginait facilement continuer à l'occasion de son prochain voyage jusqu'à constituer un dossier qui serait une véritable bombe atomique, concernant une bonne partie du système de production américain.

L'enlèvement de Beauté Sexy et de Merveilleuse Meufette traduit un passage à l'acte tout simplement. La guerre est déclarée en fait, une guerre qui a pour toile de fond le hip-hop et le son, pour enjeu la vie des deux membres du Jolie Chérie Posse mais aussi celle de tout le mouvement aux Hirondelles.

Jean-Marcel Sarr avait déjà fait un premier tour dans le show-biz californien et distingué les boîtes honnêtes, il y en a, de tous les bandits. Bien vite on l'avait aiguillé sur Jim Hell dont les méthodes expéditives n'étaient quasiment plus secrètes dans le milieu. On savait également qu'il s'intéressait à ce qu'on appelle l'« import-export ».

– C'est Jim Hell qui a fait le coup, pour moi c'est clair, et rien de plus facile que de repérer ce type-là, j'ai l'annuaire underground de tout le show-biz de Los Angeles, s'il n'y a que ça pour vous rendre service je le ferai volontiers les gars mais... Jean-Marcel pousse un soupir las, je ne vois pas ce que vous pourrez bien en faire.

Mohammed et Jacob ne peuvent qu'acquiescer, sérieusement dépassés par les événements. Par quel bon bout prendre toute cette galère ? Comment sortir Beauté Sexy et Merveilleuse Meufette des griffes de Jim Hell ? La question reste entière et les réponses lointaines voire inexistantes.

Mais Jean-Marcel Sarr ne manque pas d'idées.

– À moins que...

Jacob et Mohammed bondissent sur leur chaise.

– Les gars, j'ai bien un pote là-bas, il pourrait vous guider jusqu'à Hell, après vous vous débrouillez, il pourra même vous fournir quelques lascars, vous aurez sûrement besoin d'un coup de main.

– OK, moi je suis prêt, n'hésite pas à se lancer Mohammed, reste l'argent pour se rendre en Californie, les billets d'avion...

– Je dois avoir des économies sur mon livret d'épargne, annonce quasi triomphalement Jacob, j'ai économisé mes cachets de Radio-B et ça doit faire dans les 10 000 francs, ça pourrait suffir ?

– Dans les 1 500 dollars ça fait, parfait, t'assures Jacob ! le félicite Jean-Marcel Sarr.

– J'ai un peu de fric aussi, enchaîne Mohammed, c'est pas le problème.

– Ecoutez les gars, pour les billets je crois qu'on peut s'arranger, j'ai un petit budget perso au journal et des réductions avec notre agence, je peux vous avoir deux allers-retours Paris-Los Angeles pour 4 000 balles, les deux bien sûr.

– On a le budget, conclut Mohammed, donc plus de temps à perdre, et puis notre mission c'est aussi de sauver le Festival Inter-

Cités, les Hirondelles n'attendent que ça, avec la foi de tout le quartier pour pousser avec nous...

– Bon c'est bien joli tout ça, continue Jacob mais une fois sur place...

– Le but c'est de sortir Beauté Sexy et Merveilleuse Meufette des griffes de Jim Hell, reprend Mohammed.

– Alors justement... Et Jean-Marcel Sarr de leur expliquer son plan.

Pendant ce temps-là à l'autre bout du monde, plus de 10 000 kilomètres séparent Los Angeles de Paris, la situation est complètement désespérée.

Beauté Sexy et Merveilleuse Meufette sont enfermées dans une pièce, un bureau désert, menottées fermement aux barreaux d'un radiateur. Elles ont mal aux poignets, aux bras, au dos, elles craquent et pleurent.

On leur a apporté à manger, des hamburgers dégueulasses, sucrés, de ces petits pains mous garnis de choses malsaines qui rendent obèse et difforme en un rien de temps. C'est ça le secret du hamburger, le sucre, le sucre auquel on s'accoutume au point de ne plus pouvoir s'en passer et de perdre le goût de tout. C'est en grande partie pourquoi en Amérique les pauvres sont gros, les hamburgers bon marché leur font encore plus de mal que l'héroïne ou le crack. Si le sucre est plus insidieux, moins spectaculairement dangereux, il est tout aussi mauvais, employé de cette façon bien entendu, injecté à haute dose et mélangé aux divers ingrédients des hamburgers. Le ketchup également est un produit sucré. Et les filles, elles si délicates, sont obligées d'ingurgiter ce poison ! Un véritable déni de la vie pour Merveilleuse Meufette et Beauté Sexy. Mais il faut survivre. Quand Badshoot et Bastard sont venus les délivrer quelques minutes pour se nourrir et se soulager, elles se sont senties tout de même un peu mieux. Affamées en vérité, elles se sont précipitées sur la nourriture, elles ont même bu du Coca !

Mais leurs perspectives ne sont guère reluisantes. Et personne pour les informer quant à la suite des événements, l'opération sur leurs voix, les scanners, l'ordinateur, tous ces délires dignes de la pire des sciences-fictions... Beauté Sexy et Merveilleuse Meufette sont violettes de peur et de verdeur. Oui, elles flippent à mort tout simplement.

Badshoot et Bastard ne leur adressent pas une parole, et ricanent seulement de leur façon bizarre et tordue. Avec leurs lunettes noires, Badshoot et son cou raide, Bastard et ses ongles rongés, ses tics, leur absence complète d'émotion, de sentiment ou même d'un peu de sensibilité, ils sont proprement terrorisants.

Les deux starlettes du Jolie Chérie Posse restent quarante-huit heures soumises à ce régime affreux sous la surveillance rapprochée de Doctor Badshoot et de Bong Bastard. Enfin Jim Hell débarque dans la pièce où elles sont cloîtrées, les fait délivrer et leur annonce ce qu'il appelle la suite de la « soirée ».

Jim Hell a l'air de ne plus se sentir de joie, il bondit sur ses petites pattes arquées et frémit de ses oreilles pointues, il a revêtu carrément un costume de diablotin noir et rouge, légèrement mâtiné hip-hop d'une paire de baskets king size.

Les deux voix d'or vont basculer bientôt dans l'empire vicieux du show-biz pourri californien.

8

Branle-bas de combat aux Hirondelles. Jacob Rasta et Mohammed Martin ont mis leurs parents devant le fait accompli.

Ils partent quelque temps, quelques jours, une semaine, deux peut-être, aux États-Unis pour régler une affaire concernant Beauté Sexy et Merveilleuse Meufette, pour bétonner le Festival Inter-Cités également, ultime argument tremblant. Heureusement Mohammed et Jacob ont la chance d'avoir des familles compréhensives et solidaires qui ne posent pas plus de questions tout en étant parfaitement au courant des problèmes en cours. Les Martin comme les Rasta prennent la mesure de la situation, bien sûr les mères sont inquiètes, plus que les pères avant tout fiers de leurs fils respectifs, mais que penserait-on de mères qui ne s'inquiéteraient pas pour leurs enfants ?

De toute façon ce ne sont pas leurs parents qui vont leur mettre des bâtons dans les roues, et quand on connaît les personnalités et les caractères de Jacob et Mohammed, on sait qu'ils iront jusqu'au bout. Et qui mieux que leurs pères et mères connaissent les enfants ?

La nouvelle du voyage des deux animateurs de Radio-B a vite fait le tour de la cité Moscou, du quartier puis des Hirondelles tout entières. Partout on les encourage, on les soutient, on les supporte dans leur action.

Mais curieusement Radio-B ne s'est pas mise au diapason. Jean-François Lemoigne, le patron de la station, traumatisé par les événements et l'agression dont il a été lui aussi victime, a décidé de prendre ses distances avec le quartier, le hip-hop et la cité, et de partir en vacances de son côté. Il n'en a pas dit plus à l'entourage immédiat de Radio-B, il a seulement laissé quelques instructions à son secrétariat et délégué quelques pouvoirs de routine à ses subordonnés. « Et hop ! Hip-hop » l'émission a été suspendue jusqu'à nouvel ordre.

Le correspondant de Jean-Marcel Sarr à Los Angeles tient à rester extrêmement discret. Ce n'est pas un indic ou une balance car Jean-Marcel Sarr n'est pas flic mais au contraire journaliste, cela dit il prend tout de même des risques en tuyautant Jean-Marcel sur les tours et détours du hip-hop californien, il s'expose aux représailles de ceux qu'il aura désignés à Jean-Marcel Sarr comme étant pourris, vendus ou corrompus. Quel est l'intérêt de ce mystérieux contact dans l'affaire ? Quelle est la teneur du deal passé entre lui et Jean-Marcel Sarr ? Secret professionnel leur dit le journaliste, anticipant sur certaines questions des deux garçons. Et puis de toute façon ce ne sont pas leurs bagages, ils n'ont pas à fouiller dedans.

Passeports, billets, dollars, c'est le grand départ. Trois jours se sont écoulés depuis l'enlèvement des deux membres du Jolie Chérie Posse. Jacob et Mohammed n'ont quasiment pas dormi depuis tout ce temps, ils s'activent dans des préparatifs fiévreux, l'oreille constamment collée au téléphone. Ils se reposeront dans l'avion et s'écrouleront une douzaine d'heures, le temps effectif du voyage avec une petite escale à Atlanta.

Les dernières heures qui précèdent le décollage définitif de Jacob et Mohammed, Jean-Marcel Sarr qui reste très zen normalement, habitué qu'il est des enquêtes à travers le monde, ne peut s'empêcher de donner quelques signes de nervosité et d'inquiétude. Il se pose des questions. Ne jette-t-il pas Jacob et Mohammed dans la gueule du loup ? Ne les envoie-t-il pas se faire massacrer gratuitement ? Quand on voit les méthodes utilisées pour rapter Beauté Sexy et Merveilleuse Meufette, il y a de quoi avoir peur salement. Lui, Jean-Marcel Sarr, reste à Paris et ne pourra suivre le déroulé des événements que de loin, en aucun cas intervenir directement. Il a confiance en son contact à Los Angeles heureusement. Mais pas tant que ça en vérité même s'il n'ose en parler aux deux animateurs de Radio-B. Certes son correspondant lui a toujours rendu de bons services mais le secret qui entoure le personnage ne lui a jamais rien dit de bon. Il aurait préféré que celui qu'il appelait un pote lors de la première entrevue qu'il eut au journal avec Jacob et Mohammed en soit un vraiment. Mais ce n'est qu'une ombre. Mais trop tard maintenant, impossible de reculer, de revenir en arrière, et puis que faire ? Laisser les filles se débrouiller seules ? C'est proprement impossible. Jacob Rasta et Mohammed Martin vont assurer, il faut s'en persuader.

Du bureau qui est leur prison, Jim Hell a transféré les deux starlettes du Jolie Chérie Posse dans son studio ultratechnologique et leur fait visiter ses installations avec toute la fierté déplacée et diabolique qui l'habite. On se croirait dans un *James Bond* quand le salaud qui a fait prisonnier l'agent secret se délecte de ses dernières heures avant de s'en débarrasser en le faisant bouffer tout cru par ses requins cannibales aux dents d'acier. Beauté Sexy et Merveilleuse Meufette bien sûr font de la résistance, elles ne veulent rien voir ni rien entendre et se débattent à chaque instant.

– Calmez-vous les chéries, leur intime Jim Hell, vous allez vous fatiguer, c'est tout ce que vous obtiendrez en vous agitant de la sorte. Et puis si vous me faites trop chier, Doctor Badshoot et Bong Bastard sauront s'occuper de vous. Je pense qu'ils ont déjà fait leurs preuves à votre égard.

Au seul prononcé de leur nom, Badshoot et Bastard qui ne les quittent pas d'une semelle se fendent de leurs expressions personnelles, particulières et méchantes, Badshoot tire sur son cou, Bastard s'explose les phalanges et tique dans tous les sens.

Merveilleuse Meufette et Beauté Sexy lancent des regards noirs à leurs tortionnaires.

– Et nous y voilà ! annonce Jim Hell alors que l'équipage, les deux jeunes femmes,

Badshoot, Bastard et Hell lui-même, pénètre dans une nouvelle partie du studio qui ressemble à s'y méprendre au bloc opératoire d'un hôpital. Partout des appareils compliqués et incompréhensibles pour le commun des mortels, des commandes, des écrans et des claviers. Sans parler du ronronnement constant, et menaçant, des systèmes de ventilation internes des disques durs, des zips et des périphériques. Pas un grain de poussière dans la pièce où deux hommes s'activent. Ce sont les ingénieurs de Jim Hell, deux étudiants apparemment car ils n'ont pas l'air d'avoir plus de vingt ans, de ces petits génies informaticiens qui pullulent dans la Silicon Valley. Leurs parents travaillaient dans les grands complexes des logiciels néoperformants, les enfants ont préféré choisir la voie de la piraterie plutôt que le chemin tout tracé du capitalisme ambiant.

Effectivement John et Barnes, les deux ingénieurs, jeunes mais déjà truands, sortent à peine de l'université où ils ont passé leur temps à inventer les pires programmes, virussant les systèmes autour d'eux à tout bout de champ. Leur mission sur les voix de Merveilleuse Meufette et Beauté Sexy les intéresse grandement, enfin c'est l'occasion pour eux d'essayer leur dernière invention.

Badshoot et Bastard couchent les deux jeunes femmes sur deux lits jumeaux, les attachent solidement, et les sanglent fermement. On les fait pénétrer dans une machine qui ressemblerait à celle qu'on utilise habituellement pour les radiographies. Un tableau de bord que dirige John permet de contrôler au millimètre l'impact du rayon sur les cordes vocales des deux jeunes femmes et de les sampler ensuite directement sur le logiciel de l'ordinateur. Et le tour est joué ! Tout simplement. Une fois les voix scannées, on peut en faire absolument ce qu'on en veut, et plus particulièrement s'amuser à les distordre et à les transformer tout en gardant leur tessiture et leur personnalité, ça fera des chœurs ou des vocaux, des solos également, que l'on pourra décliner à l'infini. Il ne restera plus qu'à se débarrasser des deux jeunes femmes, ce qui est l'affaire de spécialistes, Badshoot et Bastard en l'occurrence qui en jubilent d'avance. John et Barnes en tant qu'ingénieurs gardent les mains propres, et puis après tout Jim Hell les paye pour ça, ils ne font qu'obéir à leur patron, aux ordres. Le reste, la morale ou des conneries du genre, ce n'est pas du tout leur problème.

Tout est calculé dans le temps, les chronomètres réglés. Jim Hell savoure sa victoire. Barnes déclenche le compte à rebours, dans deux minutes un premier coup de rayon qui doit enlever à Merveilleuse Meufette sa jolie voix funky, deux minutes encore et ce sera au tour de Beauté Sexy, pour elles, bientôt, tout est fini.

John pianote sur son clavier en serrant les dents. Il en fait un enjeu personnel, c'est lui principalement qui a mis au point ce système, il est angoissé et impatient comme celui qui envoie une fusée sur la lune ou sur Mars pour la première fois.

Tout le monde se tait dans le studio, l'ambiance est à la concentration. Même Bastard ne se ronge plus les ongles. Jim Hell, lui, paraît comme en suspension. Le diable ouvre les portes de l'enfer...

9

C'est uniquement par téléphone que Mohammed et Jacob seront guidés à travers Los Angeles et ses pièges jusqu'à Jim Hell.

L'interlocuteur de Jean-Marcel Sarr préférant rester complètement à couvert. On le comprend. Jacob et Mohammed sont donc équipés de portables qui seront leurs armes. Quant aux lascars, aux gros bras dont ils auraient bien besoin, quelle organisation aurait pu assurer de tels frais ? Les deux héros des Hirondelles se retrouvent terriblement seuls face à leur destin, et en Californie qui plus est ! À l'autre bout du monde !

À chaque instant leur téléphone grésille et le correspondant de Jean-Marcel Sarr leur donne des directions, l'adresse et le numéro de téléphone d'un motel où ils pourront passer quelques nuits tranquilles et discrètement, le grill le plus proche où manger un morceau, les quartiers à éviter, les erreurs à ne pas faire, les règles à respecter. Seule concession à l'illégalité, la voix qui les mène a louer pour eux une voiture à l'aéroport, avec un faux permis de conduire. C'est Mohammed qui s'y colle, il conduit avec son père depuis l'âge de huit ans. Sa petite Buick est à boîte automatique et ne lui pose aucun problème. Si ce n'était la tension due à la situation, il serait ravi. Jacob de son côté est fasciné par l'aplomb et la dextérité automobile de son ami.

Los Angeles a la même superficie que la Hollande, Los Angeles c'est un pays ! Jacob et Mohammed (au volant) se lancent à l'assaut de la ville. Au téléphone la voix leur dicte les numéros des autoroutes à prendre, puis des sorties ou des échangeurs. Le téléphone portable est leur système GPS, sans son aide Mohammed et Jacob seraient perdus, incapables de s'orienter ou de se retrouver, le plan de la ville pour les taximen ici c'est un annuaire en quelques tomes volumineux !

Les deux animateurs de Radio-B passent leur première journée à Los Angeles à se familiariser plus ou moins bien avec la ville et sa façon de fonctionner, la voix au téléphone les fait tourner, leur indique les points névralgiques, les sens uniques particuliers, les avenues principales, West Hollywood, Hollywood Boulevard donc, La Bréa, Sunset, Beverly Hills, et Venice, Compton, Westwood... Imperméables aux effets chocs du décalage horaire – sept heures pourtant ! – et à fond dans leur mission, Jacob et Mohammed sillonnent Los Angeles sous un ciel bleu éclatant !

Leur piaule au motel « Los Angeles Inn » est totalement à l'américaine, avec la Buick parquée juste devant.

Le lendemain Mohammed et Jacob passent aux choses sérieuses. La voix a localisé Jim Hell pendant la nuit. On y va directement.

C'est John qui a verdi en premier quand un message d'erreur fatale est apparu sur son écran. Avec une petite bombe en prime et en icône stylisée pour bien faire peur. Le pire des signes. Silence dans la pièce quelques instants. Mais d'un seul coup d'œil à son collègue, Barnes a immédiatement capté, il y a un problème. Et un gros. Barnes n'ose pas faire de commentaires, simplement il interrompt le compte à rebours dont il a la responsabilité, il restait vingt secondes avant le déclenchement irréversible du système, vingt petites secondes de rien du tout. Mais Barnes ravale sa déception, il doit attendre, surtout ne prendre aucune initiative pour le moment, peut-être John va-t-il réussir à contourner l'obstacle et que se passe-t-il réellement ?

C'est le bug en vérité ! L'opération est coincée et les deux filles dans la même situation que le condamné à mort américain qui attend un ultime recours de ses avocats auprès de la Cour suprême. Elles sont suspendues entre ciel et terre exactement, à la merci d'une tare informatique.

Et dans la pièce tout le monde reste tétanisé. Merveilleuse Meufette et Beauté Sexy sont paralysées par la peur, les autres vexés,

Jim Hell en rage. Même les tics de Bastard se sont tus pour se figer sur sa joue droite dans un rictus à la fois clownesque et nauséeux. Et c'est comme si on avait planté un balai pointu dans la gorge raide de Badshoot.

– C'est quoi ce truc de fou là ?! s'exclame John, le regard abattu mais vissé sur l'écran. Il manipule la souris mais rien ne vient, la flèche reste lamentablement bloquée, inerte.

C'est au tour de Barnes maintenant de commencer à trembler, en tant qu'ingénieur il comprend qu'une saleté vient de se glisser quelque part pour tout saboter de l'intérieur. Le message d'erreur s'affiche maintenant sur son propre écran, glissant malicieusement de l'ordinateur de John au sien. Le mal se répand. Alors John a le geste du désespoir, il se saisit d'un marteau qui traîne sur un établi et l'abat de toutes ses forces sur la machine récalcitrante. Elle explose en mille petits morceaux coupants et s'enflamme immédiatement. Mais John n'en a pas assez, il tombe dans une phase maniaco-dépressive incontrôlable comme une crise d'épilepsie aiguë. Il taille son computer à coups de marteau. L'échec est trop cuisant et la pression était trop forte. Ce qui s'est passé ? On ne le saura jamais. C'est « Massacre à l'ordinateur » et rien d'autre. Toutes les informations sont perdues, déchiquetées, il faudra recommencer tout le programme à zéro, c'est le fiasco, il n'y a pas d'autre mot. L'ordinateur est haché menu et John se roule par terre, il hurle des injures informatiques qui sont un véritable jargon. Seul Barnes arrive à suivre le charabia de son collègue, il sanglote, touché lui aussi dans son amour-propre d'ingénieur informaticien bardé des diplômes les plus prestigieux des meilleures universités américaines mais débordé par un logiciel plus fort que celui dont il n'a pas su maîtriser les réactions.

L'ordinateur de John flambe vraiment, des flammèches s'échappent du disque dur et s'envolent pour s'attaquer au matériel environnant, au mobilier, aux tapis et aux lits où les deux starlettes du Jolie Chérie Posse sont toujours solidement attachées !

Du sang éclabousse Barnes, c'est le sang des doigts de Bastard qu'il a recommencé à ronger supranerveusement dans l'angoisse inattendue de la situation. Dans un réflexe de survie Barnes se précipite sur l'extincteur et arrose partout, à l'aveugle et sans discernement. Hell qui hurlait des ordres est pris sous un nuage de neige carbonique qui l'asphyxie et l'intoxique, il tousse, s'étouffe, porte ses mains à sa gorge, s'écroule, se relève... La neige incommode également Badshoot qui carrément tombe raide comme sa nuque sur le sol en carrelage du laboratoire et s'assomme. Allergique sans doute. Miraculeusement Merveilleuse Meufette et Beauté Sexy sont épargnées par les effluves du poison surgi de la gueule de l'extincteur bêtement manipulé par Barnes pour éteindre le feu.

Elles s'extirpent des machines à scanner les voix tout en restant solidement attachées à leurs lits.

Hell s'est tout juste remis du nuage radioactif de neige carbonique provoqué par l'extincteur dont Barnes s'est servi pour annihiler les flammes qui commençaient à envahir le laboratoire. Ce qui est réussi, soit dit en passant. Il n'a pas dit son dernier mot, loin de là.

10

À u bout de leur tuyau Jacob et Mohammed sont tombés sur les bureaux de Jim Hell dans un coin planqué de West Hollywood.

Oh ! rien de spectaculaire non plus, seulement un immeuble anonyme, sur trois étages, sans clinquant ni glamour particulier, la Jim Hell Inc. Mohammed et Jacob se sont précipités hors de leur Buick pour monter à l'assaut du building. Ils n'ont prévu aucun plan d'action spécial et ne sont pas armés, ils s'inspireront des exploits de Chuck Norris à la télé, de Steven Seagal ou de Jean-Claude Van Damme et improviseront, sûrs d'eux et de leur bonne foi pour conjurer le sort et remporter la partie. Mais déception, alors que les deux gars des Hirondelles se préparaient déjà pour une grosse baston, en règle et rangée, ils ne trouvent personne dans les bureaux qui ont été désertés complètement. Et pour cause. Une mauvaise cause. Jim Hell, ses acolytes et les filles sont dans le laboratoire. Fouillant dans tous les tiroirs, Jacob repère l'adresse du laboratoire ainsi qu'un fax de Hell à John et Barnes stipulant précisément les conditions de l'opération sur les voix des deux starlettes. Désormais tout est clair, il n'y a plus de temps à perdre, le fax donne une date et une heure : aujourd'hui et maintenant ! Jacob et Mohammed foncent à l'adresse trouvée.

Curieusement la voix qui les guidait à travers Los Angeles ne leur répond plus quand ils appellent pour trouver le quartier de Westwood où se situe le laboratoire de Jim Hell. Pas de réponse, seulement le bip-bip d'une tonalité occupée.

Mohammed conduit toujours la Buick d'une main sûre, c'est déjà ça. Heureusement, dans le désordre de la boîte à gants de leur Buick de location Jacob a mis la main sur une espèce de road-book des principaux quartiers de la ville. Westwood y est décrit en détail. Grâce à cette trouvaille Jacob et Mohammed n'ont plus besoin de leur GPS virtuel et mystérieux, et peuvent se démerder par eux-mêmes. Libéré du portable, Jacob se transforme alors en copilote d'un Paris-Dakar qui aurait changé de route pour se perdre dans le désert urbain de Los Angeles-

Californie. Il indique à Mohammed les rues à prendre et les tournants à ne pas rater, les carrefours stratégiques. Mohammed ne ménage pas sa Buick qui bondit au sortir de chaque feu rouge. Il s'inquiète néanmoins, ne surtout pas se faire arrêter par le LAPD (Los Angeles Police Department) pour excès de vitesse insensé, sans parler du faux permis et du défaut d'assurance certainement. Mais le moment n'est plus du tout à la prudence, fini de rigoler, de choix il n'y en a pas, il s'agit de prendre tous les risques. Les conclusions, les conséquences de leur courage, à moins que ce ne soit de l'inconscience, certainement sans doute, on verra après. Jacob Rasta et Mohammed Martin vivent l'instant présent, le seul qui compte réellement, celui qui influencera leur vie et leur destin futur.

Dans le laboratoire pendant ce temps-là c'est la curée. On tombe carrément dingo, John et Barnes, on hurle hystériquement en tressautant dans tous les sens comme un diablotin pervers, Jim Hell, on est à moitié

KO et on tente de se relever à quatre pattes, on s'écroule de nouveau, on se relève (c'est dur), Doctor Badshoot, on est tout en bataille, on perd ses lunettes noires (on marche dessus et elles se cassent) et on froisse et on salit son uniforme repassé nickel, Bong Bastard et Doctor Badshoot encore, on fait des efforts insensés pour se libérer de ses chaînes, on mord dans le cuir des lanières, on s'arrache à mort, Merveilleuse Meufette et Beauté Sexy.

Le nuage de neige carbonique lâché à la volée par Barnes commence à s'évanouir, aspiré par la bouche d'évacuation des fumées et incendies. De nouveau on respire dans le laboratoire. Merveilleuse Meufette s'est libérée le bras gauche et la jambe droite, et comme dans un film elle masque ses liens déchirés. Beauté Sexy a bien entamé avec ses dents la lanière qui lui enserre le poignet droit mais ce salaud de Bastard l'a repérée, il lâche son pouce ensanglanté pour se précipiter en hurlant sur la jeune femme et lui balance une gifle. D'abord surprise, Beauté Sexy fond dans une crise de larmes. Merveilleuse Meufette est révoltée mais se retient. Attendre le moment opportun. Jim Hell pète les plombs, il a sorti un flingue de sa poche et menace John et Barnes. Mais John est ailleurs maintenant, dans un monde parallèle où l'a transporté son délire, il vit désormais sur une autre planète et l'arme que lui brandit Jim Hell sous le nez le fait rigoler. Barnes n'est guère mieux barré, il se parle tout seul et son monologue n'est qu'équations impossibles, calculs informatiques revisités, de l'algèbre et des mathématiques. Puis tout d'un coup Barnes régresse et fait une crise à Jim Hell car il veut jouer à la *Guerre des étoiles* avec son flingue, Jim Hell a beau tirer (en l'air pour l'instant), Barnes ne veut rien savoir, il se roule par terre. Hell finit par le cogner avec la crosse de son flingue, Barnes cette fois-ci s'effondre et se brise le nez en deux sur le coin du lit où Merveilleuse Meufette est attachée.

Badshoot est en vrac mais toujours d'aplomb, sans lunettes noires on ne le reconnaît pas, ce qui est étrange chez Badshoot justement c'est son regard, sans personnalité absolument, comme seulement bovin, ou même moins, abruti, sans intelligence aucune.

Bastard, lui, a été épargné par la neige carbonique, par les flammes comme par le délire soudain des deux informaticiens à l'honneur entaché par le bug fatal, et il se ronge les ongles, se bouffe les doigts tant qu'il peut.

Mohammed et Jacob font irruption comme des Indiens dans le laboratoire. Ils ne cherchent même pas à comprendre la situation, ils foncent. Jim Hell n'en revient pas, d'où sortent ces deux gamins ridicules ? Et qui sont-ils ? Le temps que Hell y comprenne quelque chose, déjà Merveilleuse Meufette est sur ses deux pieds, Badshoot tente de s'emparer d'elle en la ceinturant tel un catcheur mais Merveilleuse Meufette est enragée, délivrée elle veut montrer à son tour de quel bois d'ébène, dur comme du roc, elle se chauffe. Tout de suite elle donne un aperçu de son savoir-faire en la matière et lui assène une triple manchette renversée du plat du pied dans les dents. Badshoot crache alors immédiatement toute une batterie de chicots tordus qu'il expulse avec du sang. Sa bouche est un trou rouge et gluant. Merveilleuse Meufette garde l'avantage en l'achevant d'une fourchette dans les yeux. Délunetté, Doctor Badshoot n'en est que plus vulnérable. Mohammed a réussi à défaire les liens qui retenaient Beauté Sexy à son lit. La joue rougie et toujours atrocement douloureuse, enflée même, ce qui est un crime de lèse-majesté pour une starlette aussi jolie et délicate, Beauté Sexy décide de régler son compte à Bong Bastard. Abasourdi Jim Hell assiste à la scène sans pouvoir réagir. Certes il a essayé de flinguer un peu tout le monde mais son chargeur est vide tellement il a tiré n'importe comment. Bong Bastard ne fait pas long feu. Il faut dire que Beauté Sexy a l'âme sacrément vengeresse, sa baffe elle va lui faire payer en lui labourant l'estomac de ses coudes dont elle lui donne des coups répétés, puis elle s'occupe de sa gueule et de ses joues bourrées de tics. Bong Bastard subit au niveau du visage la torture permanente qu'il fait subir à ses doigts et ses ongles. Beauté Sexy lâche Bong Bastard quand il est anéanti, affalé sur le carrelage et sans plus de réaction aucune.

11

Oui, eh bien c'est alors que la porte du laboratoire s'est ouverte une nouvelle fois, et sur un bon coup de théâtre.

Un homme se tient dans l'encoignure de la porte, armé jusqu'aux dents comme Schwarzeneger dans ses grands films de plusieurs lance-roquettes, d'un kalachnikov rutilant, de quelques colts de poing. À sa ceinture, des mini-missiles auxquels pendent des grenades.

Dans un même mouvement Jim Hell, Mohammed Martin, Jacob Rasta, Merveilleuse Meufette et Beauté Sexy se retournent et restent muets d'étonnement devant l'apparition. Cet homme qui semble sortir tout droit d'un film de guerre, avec un sourire en coin et satisfait, ils le reconnaissent, stupéfaits.

C'est tellement énorme que Mohammed pense d'abord à un sosie. Mais il doit vite se résoudre à la réalité, c'est bien le patron de Radio-B qui se trouve là devant eux, dans ce laboratoire pseudodiabolique, à Los Angeles, en Californie...

– Eh oui ! c'est moi Lemoigne Jean-

François, annonce-t-il sur un ton de triomphe contenu.

Tous ils sont interloqués, et il y a de quoi ! Mohammed, Jacob et les filles bien entendu mais aussi Jim Hell car c'est avec lui qu'il faisait affaire sous couvert de mystère. En échange des deux filles Jim Hell lui rachetait Radio-B à un bon prix, étendant ainsi sa puissance sur le hip-hop dans le monde entier en squattant la station des Hirondelles riche en création et nouveautés.

– Pauvre Jim, commence Lemoigne dédaigneux, tu te prends pour le diable du show-biz en personne mais tu n'es qu'un second rôle de série Z, de ceux qui se font massacrer avant la fin pour avoir prétendu devenir le Maître du monde. Mais ton laboratoire branlant, tes machines expérimentales qui se planteraient obligatoirement, deux ingénieurs incompétents et cinglés, c'était tellement facile à saboter, je l'ai fait en sifflotant... Depuis mon ordinateur portable il me suffisait de t'envoyer une saleté, aucun problème.

Jim Hell est au plus bas de l'humiliation.

Lemoigne reprend :

– Parce que tu croyais que j'allais céder Radio-B ? Comme tu peux être naïf finalement ! La stratégie c'est moi qui l'avais et personne d'autre, surtout pas toi imbécile avec ta mégalomanie à deux francs cinquante et tes histoires à dormir debout de diablotin satanique.

Jim Hell tombe toujours plus profond au plus profond du gouffre noir et profond sous les sarcasmes de Jean-François Lemoigne.

Mais comment un homme d'affaires français, typique tout de même, peut se métamorphoser à ce point en commando surarmé prêt à tout pour le pouvoir total et l'argent ? Certainement un problème de démon quelque part qui le pousse jusqu'au bout de ses fantasmes absurdes et de ses délires de puissance.

Et Jean-François Lemoigne a fini de se poser des questions et de régler son compte intellectuel avec Jim Hell, il déploie un mini-missile de sa ceinture de grenades et le propulse droit sur la poitrine de Jim Hell qui s'éclate en mille morceaux d'os et de chairs broyés et confondus pour éclabousser partout... Personne ne peut faire l'apologie de la violence mais bon débarras quand même, Jim Hell c'était un peu trop.

Reste donc Lemoigne face à ses derniers adversaires, Jacob, Mohammed et les deux starlettes dans un meeting imprévu loin des Hirondelles.

– Mais pourquoi ??? parvient tout juste à articuler Jacob.

– Pourquoi ? rigole Lemoigne, mais pour tout mon petit gars !

Lemoigne et ses costumes, ses déguisements, ses postiches, son art de se faufiler, de l'évitement, des contorsions, sa façon d'être l'agent double, celui qui joue dans les deux camps, ici à Paris, le lendemain en Californie, l'ami du journaliste, sans le connaître non plus, la voix au téléphone, Lemoigne et ses mystères, Lemoigne et ses affaires à travers le monde, Lemoigne et ses manipulations. Son business finalement le même que celui de Jim Hell avec lequel il était directement concurrentiel, les profits dans le hip-hop, profits générés par la somme énorme de disques vendus et par les passages innombrables sur les ondes des radios. Radio-B en l'occurrence servant de point d'ancrage dans la cité à des fins de repérage et de détournement des éléments les plus compétitifs pour un marché rentable et international.

Et puis laisser Jim Hell transplanter les deux voix sublimes de Merveilleuse Meufette et de Beauté Sexy ? Comment pouvait-il en être seulement question ? Jean-François Lemoigne voulait seulement réunir tout le monde dans le même piège pour s'en débarrasser loin de tout et discrètement. Et les filles massacrant totalement Badshoot et Bastard, John et Barnes se perdant dans la folie, autant d'incidents qui allaient dans le sens de Lemoigne. Merveilleuse Meufette et Beauté Sexy s'en mordent les doigts et les poings pour le coup.

Mais elles n'ont pas dit leur dernier mot. Sans attendre que Lemoigne leur annonce à son tour le sort qu'il leur réserve – le pire sûrement – elles foncent dans le tas c'est-à-dire dans Lemoigne tout simplement et toutes ses armes accrochées à la ceinture pour certaines, les bombes, mais aussi pendantes dans le dos, en bandoulière ou aux deux poings. Mais elles s'en foutent, et s'il faut que quelqu'un y laisse sa peau elles sont prêtes à se sacrifier, de toute façon la partie est perdue, et suivant les principes de leur maître qu'elles écoutent et entendent toujours dans leur oreille interne : « Celui qui frappe le premier a les plus grandes chances d'être le vainqueur final du match. » Merveilleuse Meufette et Beauté Sexy suivent ce dicton à la lettre et dans un bel ensemble. Et Lemoigne qui ne s'attendait pas du tout à un assaut karatéka des deux starlettes, et cette rage décuplée par tout ce qu'elles ont subi, les frissons, les humiliations, la peur de mourir, mais également Badshoot et Bastard qu'elles ont bien tapés, rien ne peut plus les arrêter.

Jacob et Mohammed sont pétrifiés, se bastonner ils ne connaissent pas, et leur technique est limitée, bouche bée ils admirent les filles qui se chargent de l'action violente.

Mais Lemoigne s'il est surpris ne s'en laisse pas non plus conter, il réussit à échapper aux filles pour remonter les escaliers qui mènent du laboratoire à l'entresol. De là il pourra déboucher dans la rue, sauter dans son véhicule et disparaître vite fait. Merveilleuse Meufette et Beauté Sexy se lancent à sa poursuite, bientôt suivies par Mohammed Martin et Jacob Rasta. Jean-François Lemoigne lui non plus ne fait pas dans la dentelle et lâche des bombes et des mini-missiles dans son sillage comme autant d'obstacles pour ne pas se faire intercepter par ses poursuivants. Heureusement Jacob, Mohammed, Merveilleuse Meufette et Beauté Sexy évitent les impacts et préservent leurs bras, leurs jambes, et tout bonnement leur vie. Mais la défense de Lemoigne les ralentit. À un moment Merveilleuse Meufette croit pouvoir le rattraper et le plaquer au sol avant qu'il ne s'enfuie définitivement. Mais peine perdue, Lemoigne arrose de son kalachnikov, obligeant la jeune guerrière à se cacher pour éviter de se faire tuer. Jacob et Mohammed ont le souffle court, décidément ce Lemoigne est bien trop armé. Pourtant quel combat de titans et quels bandits et massacreurs, Badshoot, Bastard, Jim Hell évidemment, John, Barnes, laissés sur le carreau !

12

— Lemoigne ! Lemoigne ! répète Mohammed incrédule, jamais j'aurais imaginé.

Et Jacob Rasta et Merveilleuse Meufette et Beauté Sexy également n'en reviennent pas. Lemoigne !

Quelle aventure ! Déjà Jim Hell, Badshoot et Bastard c'était quelque chose et tout de suite beaucoup ! Los Angeles tout de même. Lemoigne dans le coup comme *deus ex machina*, c'est incroyable. Mais tout se recoupe. Indicateur-manipulateur, tel était Lemoigne, il opérait lui-même, sans complice, sans hommes de main, usant du maquillage et de la perruque, volontairement discret. Son but était précis, son plan bien établi. Il a bien failli réussir.

Ce n'est pas non plus tout à fait raté pour Jean-François Lemoigne, il a finalement échappé à la bande des quatre jeunes des Hirondelles. Il pourrait se refaire un jour, on ne sait jamais, les truands, les bandits, les businessmen qui ne pensent que profit et mafia ont la peau dure. Mais l'échappée de Lemoigne n'est qu'une péripétie. Oui, que

Lemoigne aille se rhabiller ! Comme Jim Hell qui brûle en enfer une bonne fois pour toutes avec ses deux copains Badshoot et Bastard. John et Barnes fréquenteront l'asile d'aliénés jusqu'à la fin de leur vie, c'est déjà ça de pris. Les filles sont vivantes et les garçons entiers, vu les circonstances c'est un miracle en soi, il faut le souligner.

Aux Hirondelles on les attend, et surtout leurs parents bien sûr inquiets, forcément, et sans aucune nouvelle de la tournure prise par les événements. Raymond Martin le père de Mohammed a préparé une de ses meilleures spécialités bourguignonnes pour l'occasion du retour des enfants. Les parents Rasta de leur côté sont également fiévreux, ils sont chez les Martin chaque matin. Avec de la solidarité on passe mieux les épreuves.

Enfin les jeunes sont rentrés et la vie peut reprendre comme avant. Jacob et Mohammed profiteraient bien de vacances méritées pour se remettre de leurs émotions mais ils n'ont pas vraiment le temps, la fin de l'année scolaire à assurer et le Festival Inter-Cités finalement sauvé. Tout se précipite et se bouscule. C'est ça une vie d'action !

Quant aux filles heureusement ce sont de bonnes guerrières et pas seulement des petites nanas qui traînent dans le hip-hop. En se battant comme des furies et jusqu'au bout Merveilleuse Meufette et Beauté Sexy entrent dans la légende dorée de la vie et de la rapologie.

PETIT LEXIQUE
À L'USAGE DES GRANDS

BAC : Brigade anti-criminalité.

Booster : pousser, encourager.

Flyer : affichette annonçant une soirée distribuée dans la rue ou à la sortie des boîtes, des salles de spectacle et de concert.

Freestyle : improvisation.

Gimmick : jingle dans une chanson.

Lyrics : textes dans le hip-hop.

Mix-tape : cassette de deux à quatre titres inédits diffusée dans l'underground.

Ouf : fou (verlan).

Party : soirée.

Posse : regroupement d'individus qui ont la même sensibilité hip-hop.

Ragga : tendance hip-hop du reggae.

Readim : vers psalmodiés, à la fois du son, du texte, un rythme que l'on retrouve dans la plupart des compositions reggae.

R'n'b' : rythm and blues.

Sample : échantillon de son.

Se checker : se serrer la main pour se saluer d'une façon urbaine et souvent codée.

Soss' : pote dans le langage de la région de Sarcelles.

Teuf : fête (verlan).

Turn-over : allées et venues.

souris Noire

Dans la même collection

1 **Pinguino**
Franck Pavloff

2 **Lambada pour l'enfer**
Hector Hugo

3 **Le Squat résiste**
Franck Pavloff

4 **Ippon**
Jean-Hugues Oppel

5 **Cauchemar-rail**
Stéphanie Benson

6 **Mon frère est un drôle de type**
Olivier Mau

7 **La Calanque des ermites**
François Joly

8 **Un privé chez les nababs**
Gérard Moncomble

9 **Embrouille à minuit**
Malika Ferdjoukh

10 **Nuit rouge**
Jean-Hugues Oppel

11 **Aladdin et le crime de la bibliothèque**
Marie et Joseph

12 **Wiggins et le perroquet muet**
Béatrice Nicodème

13 **Wiggins et la ligne chocolat**
Béatrice Nicodème

14 **L'Assassin de papa**
Malika Ferdjoukh

15 **Frères de sang**
Olivier Thiébaut

16 **Le Disparu de Cabrérac**
Alix Clémence

17 **Le Père Noël s'appelle Basile**
Pierre Pelot

18 **La Planque**
Frédéric Fajardie

19 **L'Inconnue dans la maison**
Stéphanie Benson

20 **Tonton tué**
Serge Quadruppani

21 **Marathon sur l'estuaire**
Hubert Ben Kemoun

22 **La Vengeance de la petite gitane**
René Frégni

23 **Pépé Grognon**
Jean-Loup Craipeau

24 **Un pavé dans la mare**
Robert Deleuse

25 **Une incroyable histoire**
William Irish

26 **Trois Soleils mauves**
Marc Menonville

27 **L'Aventure du pied du diable**
Arthur Conan Doyle

28 **Dans le grand bain**
Jean-Hugues Oppel

29 **Au bord de l'abîme**
Charlotte Armstrong

Achevé d'imprimer sur Cameron
par Bussière Camedan Imprimeries
à Saint-Amand-Montrond en novembre 2000
Conception graphique couverture :
Didier Thimonier
Dessin de la Souris noire : Lewis Trondheim
Typo dessinée par Anne Ladevie
Dépôt légal : novembre 2000
N° d'impression : 004939/1
Loi n° 49.956 du 16 juillet 1949
sur les publications destinées à la jeunesse